书香雅集

莫高窟

姚青锋　铁　雷◎主编　书香雅集◎绘

吉林科学技术出版社

目录

莫高

大漠绿洲

"大漠孤烟直，长河落日圆。"在中国西北辽阔的沙漠深处，隐藏着一处神秘的绿洲。它地处今中国甘肃省西部偏南、河西走廊西端。其南部为连绵的祁连山脉，北部为北塞山，西接浩瀚的塔克拉玛干大沙漠东缘，是中国古代丝绸之路中西交通的中转站和西域的门户，它就是敦煌。

这块富饶的土地被群山环绕着，它不仅拥有丰富的自然资源，更蕴藏着一座座瑰丽的艺术宝库。其中，莫高窟是敦煌艺术宝库中最为著名的地标之一。它是世界上连续开凿时间最长、现存洞窟规模最大、内容最为丰富的佛教石窟建筑群。

1961年，莫高窟被公布为第一批全国重点文物保护单位之一。
1987年，莫高窟被列为世界文化遗产。

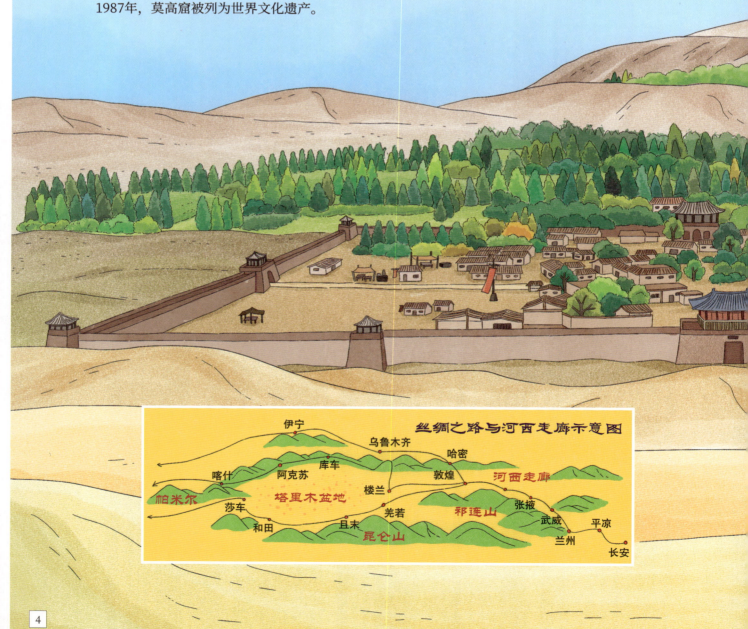

敦煌石窟一名是莫高窟、西千佛洞的总称，有时也包括安西的榆林窟，通常用以指莫高窟。

西域

狭义的"西域"专指葱岭以东，玉门关、阳关以西的广大地区。广义的"西域"还包括亚洲中西部、印度半岛、欧洲东部等地区。

绿洲

沙漠中的绿洲拥有较丰富的地下水或地表水，这里土壤肥沃、植物繁茂，主要分布在大河、井、泉附近和冲积扇的边缘地带。

丝路明珠

　　2000多年前的西汉时期，汉武帝派霍去病击败匈奴后，就在河西走廊上"列四郡，据两关"，设置了酒泉郡、武威郡、敦煌郡和张掖郡，以及阳关和玉门关，并部署兵力，移民屯垦，进行经营管理，从而保证了丝绸之路的畅通。

　　敦煌独特的地理位置，使其从汉朝开始，就一直是中原与西域交通的门户。西域胡商与中原汉族商客在此云集，从事中原丝绸和瓷器、西域珍宝、北方驼马与当地粮食的交易。在这条丝绸之路上，各国的使臣、将士、商贾和僧侣络绎不绝，他们在这里交流学问、做买卖、传播宗教。中西不同的文明在这里汇聚、碰撞、交融，使敦煌迅速繁荣起来，成为中西方贸易的中心和中转站。敦煌宛如明珠一般，镶嵌在丝绸之路上，在中华历史的长卷中熠熠生辉。

AI地理导航
听丝路声纹
读彩塑密码
写石窟之旅
扫码查看

玉门关和阳关

　　位于敦煌城西，是汉朝时期两个重要的关隘（ài）。玉门关与阳关一北一南，控扼丝绸之路从敦煌以西分岔的两条要道。这两座关隘不仅是军事要塞，还是商旅和货物往来的集散地，历代的文人骚客以它们为题材创作了大量诗词。

凉州词二首（其一）

〔唐〕王之涣

黄河远上白云间，一片孤城万仞山。

羌笛何须怨杨柳，春风不度玉门关。

送元二使安西

〔唐〕王维

渭城朝雨浥轻尘，客舍青青柳色新。

劝君更尽一杯酒，西出阳关无故人。

敦煌名字的由来

　　敦煌位于塔克拉玛干大沙漠的边缘，地处党河和疏勒河下游最大的绿洲上，地势南北高、中间低，北面与天山余脉相接，南面则与祁连山相连，是河西走廊通往西域的最后一个节点。

　　西汉时期，汉武帝派张骞出使西域，打通了以首都长安为起点，通往中亚、西亚，连接地中海各国的陆上丝绸之路。"敦煌"是张骞出使西域归来，向汉武帝汇报西域情况时提到的。《史记·大宛列传》记载"始月氏居敦煌、祁连间"。

公元前111年，汉朝正式设敦煌郡。东汉应邵注《汉书》解释敦煌一词，"敦，大也。煌，盛也"，取盛大辉煌之意。唐朝李吉甫编《元和郡县图志》，进一步发挥："敦，大也。以其广开西域，故以盛名。"

另有一种说法认为，敦煌这个名称可能来自古代丝绸之路上的一种语言或方言。其认为，"敦"可能源自古代语言中的"丘陵"，而"煌"可能指的是"黄色"。因此，敦煌可能是指这个地区的"黄色丘陵"，指的是其特殊的地理环境。

敦煌区位示意图

修行者的圣地

随着丝绸之路的发展，敦煌成为毗邻西域诸国的"华戎所交，一大都会"的国际名城，人口一度超过10万。伴随着贸易而来的，除了各式各样的商品，还有不同的宗教、语言、音乐、舞蹈、绘画、雕塑和生产技术。其中，影响力最大的是起源于古印度的佛教，它在西汉末年穿越帕米尔高原进入新疆，并东扩到敦煌地区，络绎不绝的中外僧侣在这里讲经说法。敦煌一跃成为东西方文明碰撞交融、和谐共生的乐土。

公元366年，一位名叫乐僔（zūn）的僧人为了领悟佛法，跋山涉水，四处云游。当他行经敦煌鸣沙山时，突然看到山顶被金光笼罩，宛如千佛现身。这神奇的佛光让乐僔的心灵得到极大的震撼。在他看来，这里远离市井，不受世俗纷扰，是一处理想的修行圣地。于是，乐僔就在岩壁上开凿了第一个石窟并住了下来，从此开始了礼佛修行。

宕泉河

又名大泉河，发源于祁连山西端的野马南山，是高山积雪融化形成的一条河流，它流经三危山和鸣沙山，在抵达莫高窟的地方消失于沙漠之中。

敦煌莫高窟与山西大同云冈石窟、河南洛阳龙门石窟、天水麦积山石窟并称为中国四大石窟。

佛教文化和艺术在内的中西文明在敦煌交会、碰撞，成为敦煌石窟艺术产生的历史根源。

过了不久，另一个云游僧法良也在鸣沙山留了下来。他在乐僔的禅窟旁又凿了一个石窟，并把这里叫作"漠高窟"，意思是"沙漠的高处"。因"漠"与"莫"通用，后来人们就称这里为"莫高窟"。

风化

风化是指岩石、土壤等物质，长期受到风吹日晒、雨雪等侵蚀而变得脆弱易碎。风化作用会造成岩石在原地发生崩解或蚀变。防止风化是石窟保护的一个难题。

佛光

佛光是阳光经过衍射和漫反射作用而形成的一种罕见的自然奇观。三危山是一座石头山，岩石含有石英、云母等矿物质，当夕阳照耀时，会形成一圈彩色的光环，灿烂似金光。

莫高窟的命名，除了法良禅师"沙漠的高处"的意思外，还蕴含着佛家理念中的"没有比修建佛窟更高的修为"的智慧。

莫高窟位于敦煌东南鸣沙山东麓的断崖上，坐西朝东，清静自然。山崖如同屏障，不仅隔离了红尘纷扰，更隔绝了烈日风沙的侵袭，对出家人而言，是一处难得的修行宝地。

三危山

又名卑羽山，在敦煌市东南25千米处。主峰在莫高窟对面，三峰危峙，故名三危。"三危"是史书记载中最早的敦煌地名。

鸣沙山

古称神沙山、沙角山，位于敦煌市南7千米处。全山系沙堆积而成，沙丘下面有一层潮湿的沙土层，风吹沙粒振动，声响可引起沙土层共鸣。史书记载，在天气晴朗时，即使风停沙静，也会发出丝竹管弦之音，犹如奏乐，古往今来以"沙漠奇观"著称于世。

千年画卷

　　莫高窟是中国石窟艺术发展演变的一个缩影。其始建于十六国的前秦时期，历经十六国、北魏、西魏、北周、隋、唐、明等朝代的不断修建，前后延续了1000多年。在这1000多年间，无数的人来到这里，他们之中有权倾朝野的帝王，也有云游四海的僧侣、大大小小的官吏和布衣黔首的百姓，他们为了美好的愿望，或出资或出力，经过一代又一代的接力，共同绘制了莫高窟这幅长达千年的人间画卷。

　　南北朝时期，佛教盛行，在统治者的支持下，莫高窟得到了快速发展。到了隋唐时期，随着国力的鼎盛和丝绸之路的繁荣，莫高窟发展到了鼎盛时期，敦煌周边已"状若蜂窝"。数千个洞窟见证了一代又一代僧人的智慧和努力，敦煌俨然成了一座石窟之城，成为各方的朝圣之地。

　　莫高窟的洞窟空间及内部壁画与造像由建造者精心营造。主要洞窟通常由佛教僧侣、地方统治精英以及中原帝王等赞助，其他洞窟则由商旅、军官和当地人资助。

灭佛运动

　　佛教自传入中原地区后就迅速在民间流传。由于种种原因，历史上曾发生多次打击佛教的"灭佛运动"，其中规模较大的灭佛运动发生在北魏太武帝、北周武帝、唐武宗、后周世宗统治时期。莫高窟也曾受此影响，一度中断了开凿活动。

北魏皇帝

　　南北朝时期，由于连年战乱，百姓颠沛流离，民不聊生，人们急于寻求一种精神上的安慰与寄托。北魏的统治阶级也正需要一种信仰来稳定政权，从西域传来的佛教因此得到了空前的发展，大量北魏皇室和贵族开始主持开凿石窟。

石窟艺术的宝库

　　莫高窟位于敦煌市东南方，处于鸣沙山和三危山的怀抱之中，如蜂房鸽舍一般密密麻麻地镶嵌在鸣沙山的断崖上。石窟上下排列五层，高低错落有致，鳞次栉比，在茫茫戈壁沙漠中，闪烁着动人的光彩，让人叹为观止。

　　莫高窟集建筑、雕塑、壁画三种艺术形式于一体，三者互相呼应，交相辉映。它是我国石窟艺术发展演变的一个缩影，也是世界上延续时间最长、保存规模最大、内容最丰富的佛教艺术文化宝库，人称"东方卢浮宫"，被联合国教科文组织列为世界文化遗产。

　　窟群分布的崖面全长1600多米，分南北两区。南区是莫高窟礼佛活动的场所，北区主要是僧人和工匠的居住地，内有修行和生活的设施，如土炕坑、烟道、壁龛、灯台等。

　　在乐僔和法良之后，到鸣沙山开凿石窟的人越来越多。僧人们开凿石窟用来坐禅修行，世俗人开凿石窟用来礼拜。日积月累，到唐朝时期，莫高窟开凿的石窟高达1000多个，它因此又有了一个新名字——千佛洞。

　　由于鸣沙山的石质以砾岩为主，不适宜直接雕刻佛像，聪明的古代工匠便在开凿好的洞窟壁上，采用壁画和雕塑彩绘两种艺术手段，创造出大量瑰丽多姿的艺术品。

被唐朝人赞誉为"天衣飞扬，满壁风动"的"飞天"图案，就是敦煌壁画的标志性象征。

敦煌学

是研究、发掘、整理和保护中国敦煌地区文物、文献的综合性学科。与徽州学和藏学齐名，是中国的三大区域文化之一。1925年8月，日本学者石滨纯太郎在大阪怀德堂讲演时，使用过"敦煌学"一词。1930年，国学大师陈寅恪在为陈垣的《敦煌劫余录》作序时，概括了"敦煌学"的概念。

莫高窟现有石窟735个，壁画总面积约45000平方米，彩塑等造型2400多身，唐宋木构窟檐5座。

莫高窟的壁画和塑像中，保存了大量的佛教经典、历史传说和民间故事，反映了中国古代的社会生活、文化艺术和宗教信仰。

洞窟开凿有技巧

莫高窟的建造是一个庞大的系统工程，其建造过程十分复杂，需要经过整修崖面、开凿洞窟、绘制壁画、塑造佛像、装饰窟檐等多个程序。

莫高窟建造的第一步是开凿洞窟。首先是供养人向莫高窟的僧人捐资，发愿开凿洞窟，然后供养人与僧人一起选定石凿的位置、设计洞窟的类型和规模，确定壁画的主题等。以上项目确定完毕，工匠们便开始在窟门前凿出地基，修整崖面，接着搭设脚手架进行开凿。为了避免塌方和省时省力，工匠们通常采用自上而下的方式进行开凿。

洞窟的开凿是一项缜密的工程。由于莫高窟的建造史绵延一千多年，历朝历代都有建造，崖壁可供开凿洞窟的地方也越来越少，如果前期设计不周，后面极易出现塌方，祸及左右上下洞窟的情况。建造者通过周密设计，谨慎施工，"见缝插针"地开凿出了一个又一个洞窟，形成了一窟接一窟、一窟叠一窟的壮观景象。

莫高窟的营建者，除了僧人，还有敦煌历代的地方官、世家大族、普通民众等。石窟的建造者主要由窟主（石窟的主人）、施主（出资人）、工匠三方面组成。其中，工匠是石窟的具体承建者，按照工种不同，又分为石匠（打窟人）、泥匠、画匠、塑匠、木匠等。开凿一座洞窟少则一年半载，多则两三年，而数十米高的大佛窟，通常需要四五年的时间才可能完成。

殿堂窟

　　这类洞窟内部四四方方，顶部像一个倒置的"斗"，所以又称"方形窟""覆斗式洞窟"。它模仿佛殿建造，是讲经说法的主要场所，在莫高窟中数量最多。

多种类型的洞窟

　　莫高窟的石窟建造形式多种多样，有经典的中心塔柱式石窟，有朴素简陋的禅窟，也有殿堂式的石窟和规模恢宏的大像窟，以及供奉"卧佛"的涅槃窟等。这些洞窟大小不同，最大的有200多平方米，最小的不足1平方米。它们形式各异，各具特色，反映了不同时期的民众信仰和民族审美，是敦煌漫长的历史、文化、艺术演化的见证。

　　莫高窟在长期的开凿过程中，中国古代的工匠们展现出了精湛的技艺和无穷的智慧。他们不仅创作出形态各异的石窟，还将中国的传统元素融入石窟中。尽管石窟艺术最初由印度传入中国，但经过中国工匠们的改造，莫高窟越来越呈现出鲜明的本土特色。

禅窟
　　就是供僧人坐禅修行的洞窟，分单室禅窟和多室禅窟，一般比较简单。

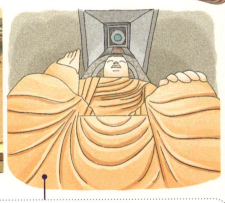

中心塔柱窟
　　也称中心柱窟、塔庙窟，洞窟主室的正中间凿有连接窟顶与地面的方形塔柱，塔柱四壁和窟顶常常绘有壁画。

大像窟
　　就是供奉巨型佛像的洞窟，洞窟完全依照佛像需要建造，为保护内部的佛像和壁画，窟外通常还建有木构的窟檐。

涅槃窟
　　也称"卧佛窟"，内有平台，佛像侧卧于上。

千姿百态的彩塑

由于鸣沙山的石质以砾岩为主，不适合雕刻。聪明的古代匠人便因地制宜，采用当地的黏土以雕塑的形式，创作出大量瑰丽多姿的彩塑艺术品。这些技艺精湛、姿态各异的彩塑作品，有30多米高的巨像，也有10厘米左右的小像，一共有3000多尊。它们与壁画有机结合，互为一体，达到了一般泥彩塑不易达到的艺术效果，成为敦煌石窟艺术中的主体。

敦煌彩塑的制作是一个完整的工艺流程，具有鲜明的地方特色。匠人们先用木架做出雕塑的骨架，然后用麦草或芦苇捆扎出大体结构，随后敷上掺有杂草和羽毛的粗泥，塑出雕塑的轮廓，经仔细雕琢，完成各个细部的造型，并用细泥优化，阴干收光，最后在泥塑表面加以彩绘。由于莫高窟彩塑的体量巨大，为了增强作品的艺术感染力，这项工程通常由塑匠和画匠合力完成。

骨架是做雕塑前搭的架子，雕塑骨架和人的骨架一样重要，好的骨架才能长出好的身材。根据泥塑体量的大小，还分木胎、木骨（架）、石胎三种结构，莫高窟彩塑大多采用木骨泥塑。

做骨架

扎芯

塑造

莫高窟彩塑形式丰富多彩，有圆塑、浮塑、影塑等。主要形象为佛教人物，如释迦牟尼、弥勒佛、菩萨、观音，以及天王、力士和飞天等。这些雕塑造型优美，塑工精湛，栩栩如生，远看色调统一，近看细致入微，表现出强烈的艺术感染力和丰富的想象力。

莫高窟的彩塑形式主要有三种

圆塑——可以四面欣赏的，完全独立的塑像。主要用于表现佛、菩萨、天王等。

浮塑——是在平面上塑出凸起的形象。如塑像的衣服、飘带等。

影塑——多由模具批量制成，然后贴到墙上，再涂上色彩。主要有千佛、飞天等。

石胎泥塑

由于木制骨架不能坚固耐久，一些巨型泥塑在开凿洞窟时，通常会预留塑像石坯，然后在石坯上凿孔插桩，再于表层敷泥塑成。这是敦煌石窟大型佛像通用的塑造方法。

敷彩

五彩斑斓的壁画

壁画是敦煌（石窟）艺术的主要组成部分，也是数量最大、内容最丰富的部分。莫高窟现存壁画约45000平方米。一眼望去，满壁风动，天衣飞扬。如果将这些五彩缤纷的壁画摊开排成2米高的画卷，可形成25千米长的画廊，规模之大令人惊叹。莫高窟也因此被公认为"人类文明的曙光"、世界佛教艺术的宝库。

壁画地仗

壁画的绘制过程

莫高窟的壁画制作多为团队集体创作或为师徒几人合作完成。

画匠们先用泥巴在将要绘画的岩壁面上制作"壁画地仗"，然后根据窟主和施主们特定的意愿设计画稿，并用粉本将壁画底稿勾画出来，接着由师傅定晕染颜色，徒弟填色，最后再由师傅勾线、点睛。

地仗

地仗是中国的一种传统土木工程技法。多用于木质结构上，即通过覆盖一种衬底，达到防腐防潮、防止涂层龟裂剥离的效果。工匠们先在洞窟的壁面上涂抹多层粗细不同的泥巴，让壁面平整，然后在表面粉刷白灰打底，这被称为"地仗"。壁画就绘制在地仗层上面。

总体设计

起稿

这些壁画内容丰富，题材广泛，既有佛像画、故事画，也有山水画、动物画和装饰图案画等；既有反映宗教题材的佛教故事，也有神话传说，更有反映当时社会生活场景的乐舞艺术、婚姻嫁娶、民俗风情等，堪称一部百科全书式的壁画博物馆。

壁画线条细腻明快，构思巧妙，布置恰当，层次分明，千姿百态，栩栩如生，体现了不同时期的艺术风格和特色，也是中西艺术交流融汇的历史见证，具有非常宝贵的历史价值。

颜料标本博物馆

敦煌莫高窟也是一座丰富多彩的颜料标本博物馆，华美的朱砂，厚重的赭石，清雅的石青，明艳的藤黄，等等。它保存了北朝至元代等十余个朝代千百年间的大量彩绘艺术颜料样品，有红、黄、绿、蓝、白、黑、褐等三十多种常见颜色。这些颜料多来自国内，是由动植物中提取的天然色素和天然矿石粉混合而成的特殊颜料，它们的化学性质非常稳定，不易被氧化和风化。

着色

勾线

画后有画

随着可供开凿的崖面不断减少，能绘制壁画的洞窟已经不够用了，于是，人们就将前人的壁画用泥巴覆盖掉，再画上新的壁画。就这样，不少石窟内新画覆盖旧画，反反复复，一代一代流传下来，形成了一个层层叠叠、画后有画的奇观。

曼妙多姿的飞天

在莫高窟的壁画中，随处可见凌空飞舞、姿态万千的仙子——飞天。她们体态轻盈，身姿曼妙，或手持横笛，迎风而歌；或臂挎花篮，采摘鲜花；或反弹琵琶，轻拨银弦；随着飘逸的衣裙，飞舞的彩带，凌空翱翔。"素手把芙蓉，虚步蹑太清。霓裳曳广带，飘拂升天行。"莫高窟壁画中的飞天合计4500多身，几乎窟窟有飞天，个个不相同。天衣飞扬，满壁风动，它们是莫高窟的名片，也是敦煌艺术的标志。

飞天是中国版的，不长翅膀的"天使"，她们擅长使用各种乐器，身姿轻盈而曼妙。分专门献宝和散花的供养飞天和手持各种乐器，一边舞蹈一边演奏的伎乐飞天，也称伎乐天。

反弹琵琶的飞天是敦煌壁画中极具代表性的乐舞形象，带给人们无限的遐想，一直享誉海内外。

飞天文化是壁画艺术中的常见题材，是古代画匠在中国传统文化的基础上，吸收、融合外来文化中飞天的形象创作出来的。飞天的故乡在印度，原本长相有点狰狞，她们随佛教来到敦煌，与西域文化结合，随着时间的推移，又与中原文化融合，完全蜕变成中国式的飞天。其姿态、形式和服饰都别具一格，蕴含着中国人"天人合一"和"羽化成仙"的典故寓意，有着很高的文化价值、历史价值和美学价值。

羽化成仙

　　古人传说仙人能飞升变化，把成仙喻为羽化。所以在墓葬中就绘有羽化成仙的壁画，象征着墓室主人的灵魂能羽化升天。

依山修建的楼阁

为了石窟内的壁画塑像免遭风吹雨打，古代石窟建成的时候，工匠们通常会在石窟的外面再搭建一座木结构的建筑——窟檐。窟檐依山而建，不仅能够保护石窟，防止风化，还能起到很好的美化装饰作用。这些木制建筑与山体融在一起，远远望去，宛如重重楼阁，依靠山势，蜿蜒而上，巍峨壮观。

据考证，莫高窟的洞窟在建成之后，大部分都搭建了木制窟檐和外部栈道。它们既有成院落布局的组群建筑，也有造型独特的单体建筑。这些窟檐建造精妙，气势恢宏，是中国古代建筑的杰作。由于各种原因，莫高窟的大部分窟檐都已不复存在。莫高窟目前仅剩5座唐宋时期修建的木结构窟檐，其中，最著名的是依山而建的"九层楼"。

"九层楼"建于初唐时期，因窟檐为九层而得名。它依山修建，错落有致，蔚为壮观。其建筑为八角顶，土红色，屋檐高耸，梁木交错，檐牙错落，下系铃铛，风吹铃铛，叮叮作响，是莫高窟的标志性建筑。又因窟内塑造着莫高窟（第96窟）最大的弥勒佛坐像，所以，人们习惯上称这座楼阁为"大佛殿"。

窟檐是洞窟前依岩体建造的木构外檐，集美化装饰与防止风沙雨雪的实用功能于一身。唐代《大历碑》中记载"构以飞阁，南北霞连""前流长河，波映重阁"，历经千年风雨沧桑只能想象当年盛景了。现在莫高窟保存的唐宋木构窟檐共有5座。

见此图标 微信扫码

千佛秘境
莫高窟篇

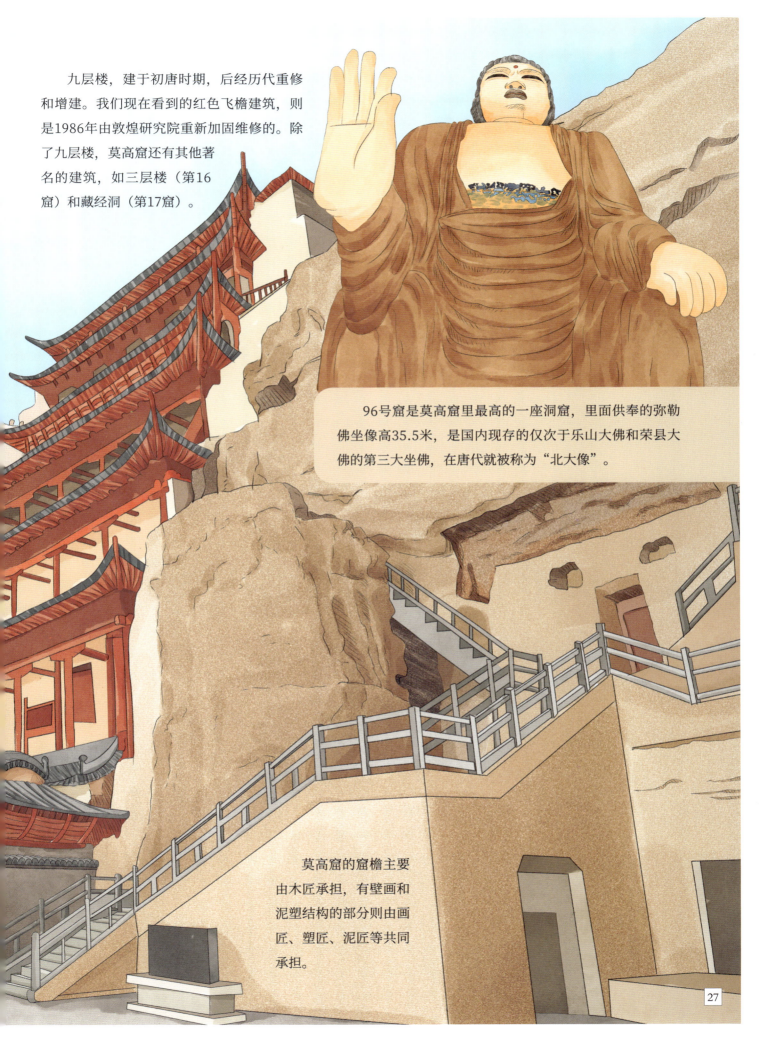

九层楼，建于初唐时期，后经历代重修
和增建。我们现在看到的红色飞檐建筑，则
是1986年由敦煌研究院重新加固维修的。除
了九层楼，莫高窟还有其他著
名的建筑，如三层楼（第16
窟）和藏经洞（第17窟）。

96号窟是莫高窟里最高的一座洞窟，里面供奉的弥勒
佛坐像高35.5米，是国内现存的仅次于乐山大佛和荣县大
佛的第三大坐佛，在唐代就被称为"北大像"。

莫高窟的窟檐主要
由木匠承担，有壁画和
泥塑结构的部分则由画
匠、塑匠、泥匠等共同
承担。

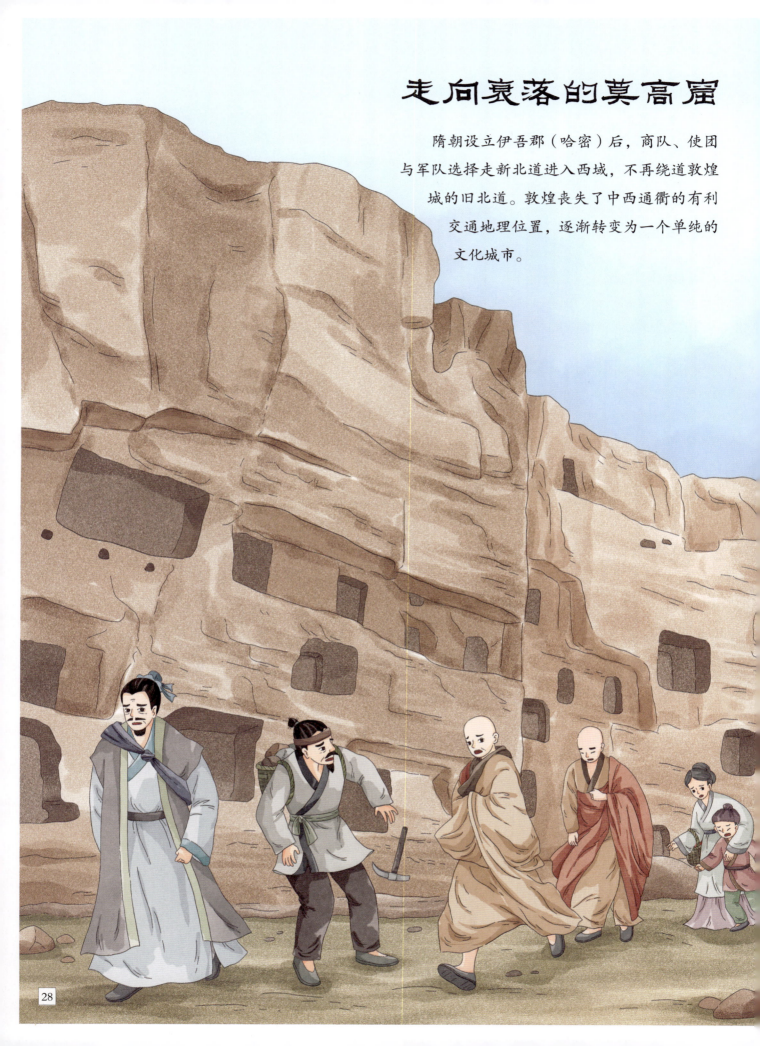

走向衰落的莫高窟

隋朝设立伊吾郡（哈密）后，商队、使团与军队选择走新北道进入西域，不再绕道敦煌城的旧北道。敦煌丧失了中西通衢的有利交通地理位置，逐渐转变为一个单纯的文化城市。

唐安史之乱后，敦煌作为河西走廊最后的堡垒被吐蕃攻陷，尽管造像活动未受太大影响，但敦煌昔日的繁华已不复存在。

到了宋元时期，莫高窟渐趋衰落，极少再有新建的石窟。特别是元朝之后，随着丝绸之路的废弃，石窟的修建几乎处于停滞状态，莫高窟逐渐湮没于世人的视野中。

明朝建立后，因与吐鲁番等势力争夺哈密地区，最终于嘉靖年间关闭嘉峪关，并将关西（嘉峪关以西）的平民迁入关内。随着海上丝绸之路的兴起，敦煌自元末以来逐渐失去国际交通枢纽地位，莫高窟长期无人管理，自然损毁加剧，至近代更遭人为盗掘。

海上丝绸之路

从宋朝开始，我国的政治经济中心逐渐由北方转移到南方。随着东南沿海城市特别是广州、泉州、明州、杭州的发展，海上贸易的重要性越来越突出，海上丝绸之路的兴起逐渐代替了原来的陆上丝绸之路。

扫码查看

◎ AI地理导航　　◎ 听丝路声纹
◎ 读彩塑密码　　◎ 写石窟之旅

发现藏经洞

清朝末年，一位名叫王圆箓（lù）的道士在云游三危山时，发现了荒废已久的莫高窟。面对被流沙掩埋、破败不堪的石窟，王道士感慨万千，便在这里住了下来，他四处募捐，决心重修莫高窟。1900年5月的一天，王道士在清理石窟的过程中，无意中发现了一个隐蔽的密室。里面堆满了各种经卷、文书、刺绣、绢画、法器等物品，这就是后来震惊中外的藏经洞，也就是莫高窟第17号窟。

关于藏经洞的发现，王圆箓的墓志铭上是这样记载的："沙出壁裂一孔，仿佛有光。破壁，则有小洞，豁然开朗。内藏唐经万卷，古物多名。见者多为奇观，闻者传为神物。"

藏经洞的来历，堪称千古之谜。至于为何封闭藏经洞，众说纷纭。有说是为逃避战乱，僧人有计划地封存了经卷、文书等；也有说是随着佛经样式的演进，折页式的刊本经卷逐步替代了古老的卷轴式经卷，前人就把使用不方便的卷轴经典进行集中处理，作为敦煌寺院的"神圣废弃物"而封存。目前，尚无定论。

卷轴装

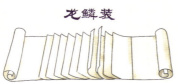
龙鳞装

经折装

线装

敦煌遗书

　　又称敦煌文献、敦煌文书、敦煌写本，是对1900年敦煌莫高窟17号洞窟中发现的经卷文书的总称。其内容以佛教经卷为主，还包含道教经卷、儒家经典、民俗文学和天文医书等各类内容，总计5万多件，是研究古代历史的宝贵资料，具有极高的文物价值和文献研究价值。与殷墟甲骨、明清档案、居延汉简并称为19世纪末至20世纪初中国学术史上的四大发现。

　　藏经洞文物为研究中古时期中外历史文化方面提供了极其珍贵的文献资料，敦煌学由此成为一门国际性的新兴学科。

　　敦煌遗书以卷轴装为主，又有梵箧装、经折装、蝴蝶装、册子装和单页等多种形式，以及一些拓本、印刷本和刺绣本，为后世研究书籍发展史提供了难得的实物资料。

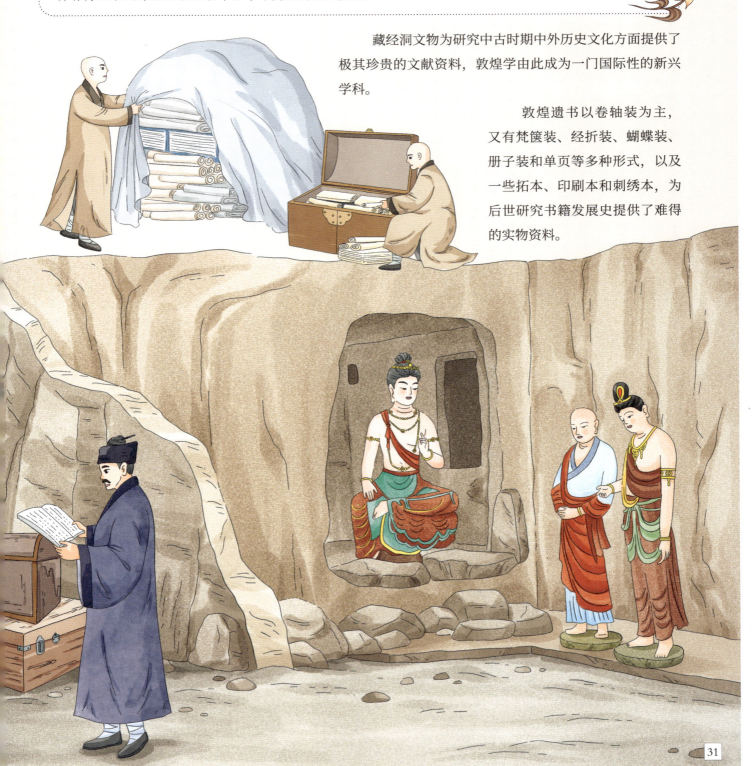

无耻的盗贼

　　王圆箓将藏经洞的事上报给官府，接连两次受到官府的漠视。愚昧的地方官员认为这些经书不过是一堆废纸罢了，没有任何收藏价值，就随随便便把王圆箓打发了。

　　由于当时的僧人和乡绅没有认识到这批古物的价值，再加上腐败的清政府没有进行有效保护，藏经洞中的大批敦煌遗书和文物先后被外国"探险队"捆载而去，分散于世界各地，目前分藏于中、英、法、俄、日等国的博物馆和图书馆。

　　1908年，法国人伯希和抵达敦煌。伯希和既是一个学者，又是一个从事文化掠夺的强盗。除了抢购藏经洞的经书外，他对莫高窟的所有洞窟进行了系统的编号和测量，并拍摄了大量珍贵的照片，是第一位对莫高窟做系统研究的学者。

　　1924年，美国人华尔纳将唐朝彩绘菩萨像买走，现收藏于美国哈佛大学博物馆。

可是，发现藏经洞的消息很快就引来了嗅觉灵敏的外国人。在西域古城考察的西方探险者和考古学家先后来到这里，他们看上了藏经洞内的这些无价之宝。他们通过花言巧语的游说，取得了王圆箓的信任，以极低的价格买走了藏经洞内大量珍贵的经卷和画作。这种无耻的掠夺，使莫高窟遭受了巨大的损失。中国境内目前保存的文物，还不到经洞文物总量的三分之一。

从1907年到1914年，法国人、俄国人、日本人纷纷来到敦煌，从这里掠走了上万件经书、佛像等珍贵文物。当清政府意识到问题的严重性时，终于下定决心将剩余的文物押送入京，保存在京师图书馆，但运回的文物仅剩一小部分。

拯救文化瑰宝

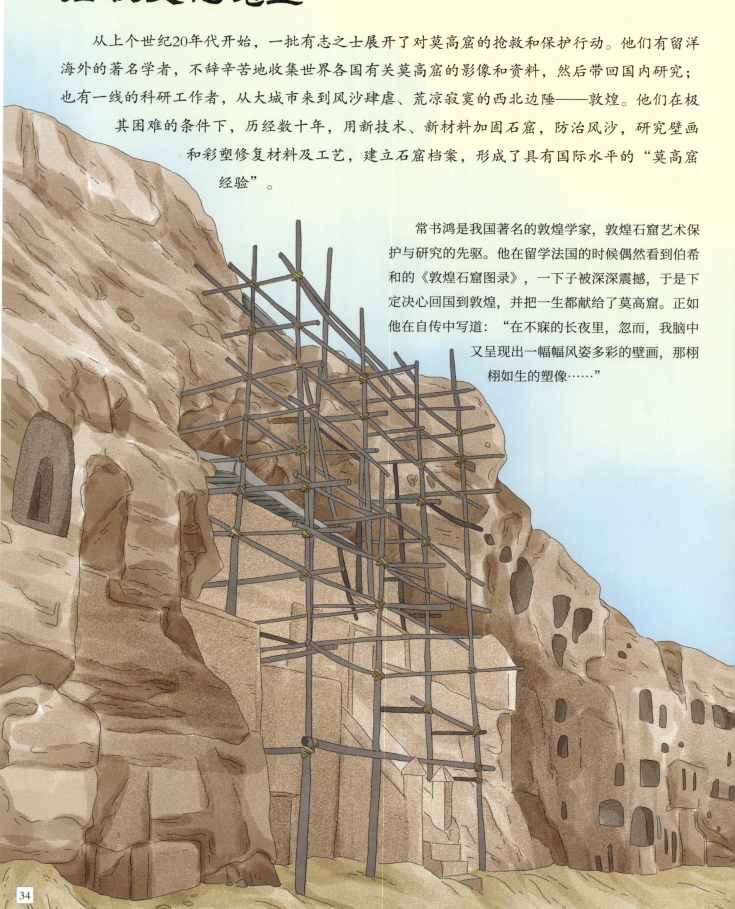

从上个世纪20年代开始，一批有志之士展开了对莫高窟的抢救和保护行动。他们有留洋海外的著名学者，不辞辛苦地收集世界各国有关莫高窟的影像和资料，然后带回国内研究；也有一线的科研工作者，从大城市来到风沙肆虐、荒凉寂寞的西北边陲——敦煌。他们在极其困难的条件下，历经数十年，用新技术、新材料加固石窟，防治风沙，研究壁画和彩塑修复材料及工艺，建立石窟档案，形成了具有国际水平的"莫高窟经验"。

常书鸿是我国著名的敦煌学家，敦煌石窟艺术保护与研究的先驱。他在留学法国的时候偶然看到伯希和的《敦煌石窟图录》，一下子被深深震撼，于是下定决心回国到敦煌，并把一生都献给了莫高窟。正如他在自传中写道："在不寐的长夜里，忽而，我脑中又呈现出一幅幅风姿多彩的壁画，那栩栩如生的塑像……"

1950年，敦煌艺术研究所更名为敦煌文物研究所，成为国家文物主管部门直属单位，1984年，扩建为敦煌研究院。此后，莫高窟的保护得到更多关注和重视。

在常书鸿、段文杰、樊锦诗、苏伯民等莫高窟人一代又一代的接力守护中，莫高窟重新焕发出了勃勃生机。敦煌石窟的保护、研究、弘扬事业不断向前推进，取得了举世瞩目的成就，并孕育出坚守大漠、勇于担当、甘于奉献、开拓进取的"莫高精神"。

石窟的修复和保护

　　敦煌莫高窟是集建筑、绘画、雕塑于一体的人类艺术的宝库，历尽千年，依然璀璨辉煌。但莫高窟的壁画和彩塑是由泥土、草料、木料、矿物颜料、动物胶制作出来的，十分脆弱。在风沙雪雨等自然因素的长期侵蚀下，石窟内的壁画和雕塑受到了一定程度的损毁。

　　莫高窟的修复和保护是一个永恒的主题。我们的科研人员充分利用现代科技手段，争分夺秒地与时间赛跑，一直对石窟文物进行着系统而全面的保护和修复工作。

1.利用现代检测设备，对石窟内环境进行分析研究；

2.通过扫描和摄影设备，记录壁画和雕塑的现状；

3.由专业人员详细记录壁画和雕塑的具体残损情况；

4.对壁画和雕塑进行取样，分析其颜色成分；

5.对壁画和雕塑表面的污染物和灰尘进行清理；

6.运用技术手段，对残损的壁画做回贴处理；

7.由专业人员对破损的雕塑做修复处理；

8.对颜色残缺的壁画和雕塑做局部补色处理。

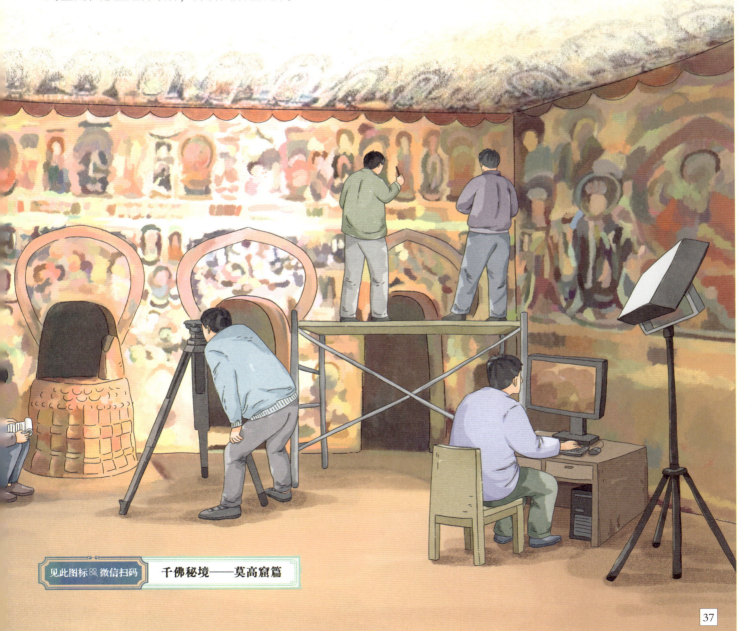

数字莫高窟

　　为了延续莫高窟的生命，工作人员提出了"数字敦煌"的文物保护理念。即通过先进的数字设备对莫高窟和相关文物进行全面的采集、加工和存储，然后将获得的图像、视频、三维等多种数据与文献数据结合起来，通过前沿AI技术和云游戏技术，构建出一个多元化与智能化相结合的石窟文物资源库。以上工作完成后，莫高窟的壁画和文物就可以永久保存下来，并通过互联网向全球分享。

为什么要数字化

　　由于石窟狭小，里面的空间有限，大量游客的进入会使洞内的温度和湿度升高，容易造成壁画脱落；另外，游客手机拍摄和手电筒照明（莫高窟洞内无照明设施）的强光，也会对壁画造成伤害。

"数字莫高窟"通过先进的数字技术和多媒体展示手段，使观众在进入洞窟之前就能与莫高窟进行全方位、近距离的"亲密接触"，给观众以沉浸式的交互体验感受，有效缓解了莫高窟旅游开放与文物保护之间的矛盾，真正实现了世界文化遗产敦煌莫高窟"永久保存、永续利用"的目标。

数字化的好处

　　对莫高窟的壁画和彩塑进行数字化处理，不仅能够向游客提供更直观的沉浸式体验，将相关文物永久性地保存下来，还可以减少游客在窟内的停留时间，有利于对壁画和彩塑的保护。

会讲故事的壁画

《鹿王本生图》北魏壁画
（莫高窟第257窟）

故事讲述的是佛祖释迦牟尼前生化身九色鹿王，救了一个将要淹死的人反被此人出卖的故事。此壁画情节性与装饰性相辅相成，主题突出，构思巧妙，人物优美夸张，色彩浓丽，是莫高窟早期故事画中的优秀作品。

《狩猎图》西魏壁画
（莫高窟第249窟）

画面描绘的是两名猎人骑马捕猎的紧张瞬间，前面一人正举弓以"洪荒之力"射向猛虎，后面一人正追猎三只黄羊。老虎的凶猛，小羊的惊慌，猎人的勇敢机敏，都被表现得淋漓尽致。画面生动传神，充满远古气息。

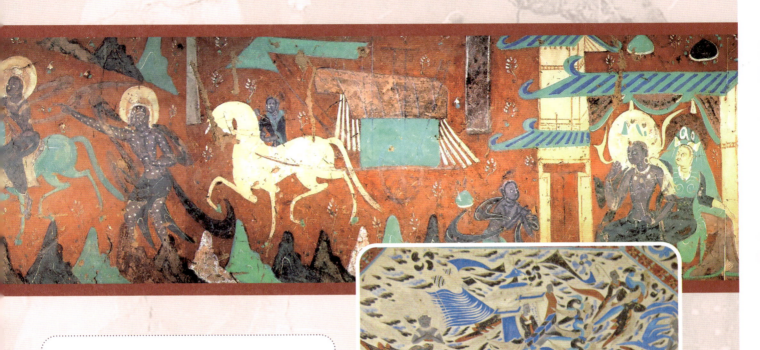

《西王母出行》西魏壁画
（莫高窟第249窟）

第249窟南坡顶部中心描绘的是西王母乘坐着一架由三只凤鸟拉着的云车，其前后有引导和扈从的持节乘鸾方士、飞天及各种神灵，在漫天花雨之中，正在向着天界飞行。画面灵动浪漫，让人遐思无限。

著名的中国石窟

　　除了敦煌莫高窟，我国还有麦积山石窟、龙门石窟、大足石刻、云冈石窟、克孜尔千佛洞等。它们开凿于不同时期，各具特色，影响深远。

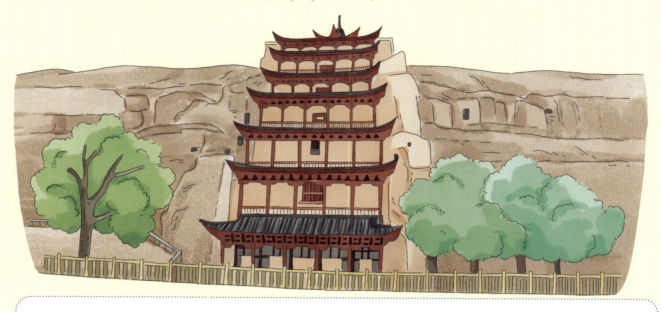

莫高窟（甘肃敦煌）

　　俗称千佛洞，坐落在河西走廊西端的敦煌。始建于十六国的前秦时期，是世界上现存规模最大、内容最丰富的佛教艺术圣地，以精美的壁画和塑像闻名于世。

炳灵寺石窟（甘肃永靖）

　　始凿于西晋初年（约3世纪），唐朝称龙兴寺，宋朝称灵岩寺，明朝永乐年后称炳灵寺。石窟历史悠久，内容丰富，具有汉藏两族风格。

龙门石窟（河南洛阳）

　　始凿于北魏孝文帝年间，由皇家主持修建，是世界上造像最多、规模最大的石刻艺术宝库，被联合国教科文组织评为"中国石刻艺术的最高峰"，位居中国各大石窟之首。

麦积山石窟（甘肃天水）

　　始建于公元384年，后经十多个朝代的不断开凿、重修而成，麦积山石窟以其精美的泥塑艺术闻名中外。

扫码查看
◎ AI地理导航
◎ 听丝路声纹
◎ 读彩塑密码
◎ 写石窟之旅

大足石刻（重庆）

　　大足石刻也称大足石窟，造像约5万尊。其中以宝顶山、北山的规模最大，刻像最集中，造型最精美，是我国晚唐以后石窟艺术的代表作。

乐山大佛（四川乐山）

　　又名凌云大佛，开凿于唐代开元元年（713年），历时约九十年。大佛依山凿成，通高71米，是世界上最大的石刻佛像，素有"佛是一座山，山是一座佛"之称。

克孜尔千佛洞（新疆拜城）

又称克孜尔石窟或赫色尔石窟，始凿于公元3世纪末至4世纪初叶，早于敦煌莫高窟300年，富有浓郁的民族风格，堪称"中国第二敦煌"，素以优美的壁画著称。

云冈石窟（山西大同）

云冈石窟的开凿始于北魏时期，历经北魏、东魏、西魏、北齐、隋、唐等朝代，整座石窟气魄宏大，外观庄严，雕工细腻，主题突出，胡风胡韵最为浓郁，是我国早期石窟艺术的代表。

敦煌拾遗录

敦煌莫高窟是我国古代艺术家们的才华与智慧的结晶，被誉为"东方艺术宝库"。其中一些鲜为人知的事实和细节，如珍珠般蕴含着无穷智慧和魅力，还有待我们去挖掘和整理。

敦煌连环画

莫高窟的壁画中有许多"连环画"形式的故事，如"萨埵那太子本生图"等，是中国最早的连环画形式。

壁画的保护色

壁画上的土黄色并非污渍，而是为了保护壁画而涂上的。

敦煌"藻井"

敦煌莫高窟的堀顶装饰，延续千年，图案包括荷菱藕等水生植物，古人认为这些图案能压伏火魔，与消防息息相关。

莫高窟的"生肖"

莫高窟的洞窟中，有些洞窟是按照中国的十二生肖来命名的。

建筑画

敦煌壁画中的建筑画是中国建筑史的重要资料，填补了从魏晋南北朝直到唐代，尤其是中唐以前大约500年间木构建筑史料的空白，其为仅次于实物的最佳资料。

敦煌"星图"

是世界现存古老且星数较多的星图，现藏于伦敦大英博物馆，约绘于唐中宗时期，是世界上最早的星图。

洞窟中的"藏宝图"

部分洞窟中藏有宝藏图或藏宝诗，是探险家们梦寐以求的线索。

壁画的"透视技巧"

莫高窟壁画采用了透视画法，使画面更具立体感和空间感。

莫高窟的"外来元素"

部分壁画中出现了中亚和西亚的文化元素，反映了丝绸之路上的文化交流。

"莫高窟五绝"

莫高窟以壁画、塑像、建筑、藏经洞和文物为五绝，是莫高窟的五大特色。

三危山

被誉为"敦煌第一圣境"，其三峰耸立的壮观景象令人叹为观止。南天门作为进入的必经之路，古朴壮观，与莫高窟九层楼相映成趣。

壁画的"色彩密码"

莫高窟壁画中的色彩有特定的象征意义，如红色代表吉祥、白色代表纯洁等。

"敦煌话本"

敦煌话本是最早的白话小说，白话小说源于唐代，盛行于宋代，由说话艺人底本经文人加工成通俗短篇小说，分小说、讲史、说经等，元代后称"小说"。唐代敦煌写卷有《庐山远公话》和《韩擒虎画本》，这是早期的话本。

洞窟的"回音壁"

莫高窟部分洞窟具有良好的声学效果，说话或拍手可以听到明显的回音。

洞窟中的秘密通道

莫高窟中部分洞窟之间有隐秘的通道，可能是僧人为了修行或避难而准备的。

敦煌飞天

敦煌飞天是敦煌壁画中最具代表性的形象，其"家族谱系"展现了多元文化交融的历程。从印度"天人"到盛唐时期的完美艺术形象，敦煌飞天融入了多元文化。

俗世"生活画"

敦煌壁画描绘了古人的消夏方式，包括汲水降温、游泳戏水、进山避暑等。壁画也反映了古代理发习俗。画师们将生活画进壁画，展现了朴实无华的生活场景。

古代"音乐厅"

莫高窟壁画展示了古代的音乐文化，乐器图案丰富多样，如琵琶、古筝等，部分洞窟曾为古代"音乐厅"。

壁画中的"错别字"

由于古代画师的文化水平有限，莫高窟壁画中偶尔会出现错别字或笔画错误。

图书在版编目（CIP）数据

莫高窟 / 姚青锋，铁雷主编 ；书香雅集绘.
长春 : 吉林科学技术出版社，2025. 4. -- (少年中国地
理 / 姚青锋主编). -- ISBN 978-7-5744-2008-3

Ⅰ. K879.21-49

中国国家版本馆CIP数据核字第2025PN9473号

少年中国地理
SHAONIAN ZHONGGUO DILI

莫高窟
MOGAOKU

主　　编	姚青锋　铁　雷
绘　　者	书香雅集
出 版 人	宛　霞
责任编辑	李思言
助理编辑	丑人荣
幅面尺寸	210 mm×285 mm
开　　本	16
印　　张	3
字　　数	38千字
印　　数	1～5000册
版　　次	2025年4月第1版
印　　次	2025年4月第1次印刷

出　　版　吉林科学技术出版社
发　　行　吉林科学技术出版社
地　　址　长春市福祉大路5788号出版大厦A座
邮　　编　130118
发行部电话/传真　0431-81629529　81629530　81629531
　　　　　　　　　　81629532　81629533　81629534
储运部电话　0431-86059116
编辑部电话　0431-81629516
印　　刷　武汉市卓源印务有限公司

书　　号　ISBN 978-7-5744-2008-3
定　　价　39.80元

千佛秘境

写 石窟之旅
时空穿梭者的地理手札

读 彩塑密码
揭开千年壁画的色彩之谜

听 丝路声纹
感受佛国世界的低语与回响

AI 地理导航
数字人导游『飞天』带你探秘艺术宝库

数字探秘带你走进丝路瑰宝

莫高窟篇

"码"上发现